Liselotte Greife

Blomen un Steen

Vertelln un Riemels

Mohland-Verlag
24882 Schaalby

Titelbild: Georg Greife
Scherenschnitte: Copyright by Brigitta von Richmar
Zeichnungen: Gisela Greife
Layout: Liselotte Greife
CIP-Kurztitelaufnahme der Deutschen Bibliothek
Blomen un Steen / Hrsg. Detlef Peters
1. Auflage 1994 – Breklumer Druckerei – 1994
ISBN 3-928054-23-6
© Mohland-Verlag 24882 Schaalby
Alle Rechte der Autorin und dem Verlag
zu gleichen Teilen vorbehalten
Printed in Germany
Gesamtherstellung: Breklumer Druckerei Manfred Siegel KG,
25821 Breklum

Wat dor binnen steiht:

Een Woort vöran

Leven dat heet
jümmer ok Noot to dwingen,
Noot to dwingen, dat heet
jümmer ok wassen togliek.
Over wat wassen schall,
dat bruukt ok Warms un Licht.

——————————————

Leben das heißt
immer auch Not zu zwingen,
Not zu zwingen, das heißt
immer auch wachsen zugleich.
Aber was wachsen soll,
das braucht auch Wärme und Licht.

An'n Anfang sünd jümmer de Drööm ween.
Ut Drööm wasst dat Doon in de tokomen Tiet.
Keen Drööm tonicht mookt,
mookt ok een Stück Tokunft twei.

Keen Geschicht

Ik bün weller op düssen Padd, op düssen Padd, de blangen den Diek dör dat Vörland geiht. Oesternfischer röppt, Kiwitten tummelt över de Wischen hen, Aanten dükert in de Watergravens. Un he is ok weller dor, so as ik dat verwachen ween bün. He steiht vör sien Staffelei. So as güstern hett he de swatte Knüddjack an un de griese, utbuulte Manchesterbüx. Op'n Kopp sitt em de swatte Pudel. He hett den Pinsel in de een, de Farv in de anner Hand, un wat he ans an Warktüüg bruken mutt, dat liggt op de Eer blangen sien Moolgestell. Mi is, as schull ik ok düttmol weller ümdreihn – so as güstern. Is noch Tiet, he hett mi woll noch nich in Sicht kregen. Over dor meckert de Himmelszeeg dicht achter mi. He kiekt no ehr hen un mutt nu jo ok markt hebben, dat he nich de eenzige Minsch is twüschen Heven, Vörland un Diek. Is to lat to'n Ümdreihn. Ik goh den Weg langs op em to. As ik dicht bi em bün, kiekt he op, süht mi liek in't Gesicht un grient. Grient bloots so mit de Ogen. All de Folen in sien Gesicht blievt eernsthaftig, ok sien Mund. Groot is he, de ole Mann, veel grötter as ik mi em vörstellt heff.

»Hest töövt, bit ik trecht bün mit mien Bild? Güstern weer ik noch nich sowied«, seggt he un geiht 'n beten af van sien Staffelei. Ganz deep is sien Stimm, gor nich öllerhaftig. »Hebbt Se Ogen van vörn un van achtern?« froog ik em. Over dat höört sik nich so forsch an as dat schull.

»So vullhandig is dat hier nich, dat een dor över-sehn warrn kunn«, antert he. Sien Grienen sitt nu ok in de Folen üm sien Mund. Denn seh ik sien Bild an, un he steiht achter mi un kiekt mi över de Schuller. Eenfach is dat, sien Bild – Heven un Vörland, een Stück ok van' Diek. Allns so, as dat is – un doch nich so. De Moler, de Minsch is dor ok mit bi. Dat is sien Heven, sien Diek, un dat sünd sien Wischen un sien Watergravens. Wokeen länger op sien Bild kieken deit, de kann denn ok woll de Möven höörn un de Ki-witten. De kann denn ok de Waterfloot mit sehn, de foken dat Vörland bedrauht.

»Dat schall mi mol verlangen, wat de Zeitung van mi will«, seggt he no'n Tiet. Un ik verfehr mi so'n be-ten.

»Sünd Se ok noch allkünnig?« stammer ik.

Dor föhl ik een Hand op mien Schuller, un över mi lacht dat ganz liesen un seggt: »Nee, mien Deern. Over 'n ganzen Barg beleevt heff ik, bit ik so'n olen Keerl worrn bün. Un – ik kenn di ok ganz goot.«

»Denn is dat künnig ween licht to«, anter ik un ver-söök dat ok mol mit Grienen. Over dat glück mi so recht nich. Gediegen is dat – ik bün jo ok 'n utwussen Minschenkind. Kummt mi over liekers so vör, as weer ik 'n Schooldeern, un de Schoolmeester harr mi bi jichtenseen Narrnkroom footkregen. So höört sik dat denn ok woll an, as ik segg: »Ik mutt een Minschen finnen hier ut uns Land. Een, de dor tohöört, un de doch . . .« ». . . Nücken noog hett, üm so'n beten ut de Rehg to ween«, bringt he mien Satz to Enn. – – –

Half Stünn loter sitt wi bi em in de Stuuv, un een lütte fiene Froo mit witte Hoor hett den Koffidisch trechtmookt un snitt Botterkoken in Stücken.

Ik weet nich, wat mit mi is. Weer so licht to, Bleestiken ruttokriegen, un den Moler all dat to frogen, wat ik so mennigmol een froogt heff. Weer so licht to – un ik do dat liekers nich. Ik sitt un drink Koffi, eet frischbackten Botterkoken, un mi is dat to Moot, as harr ik wat Leeges doon wullt, un weer dor nu överhen. Ik sitt ok nich mehr twüschen Bork un Boom. De kommodige Döns is vull Warms – un de kummt nich alleen van de Sünn, de dör de Finstern schient.

No 'n Tiet kiekt he no sien Froo hen. De nickköppt, kuum dat dat to marken is. Un denn seggt he: »Wi freit uns jümmer, wenn Besöök bi uns is. Ik will di ok geern 'n beten vertelln. Wat du dorvan mookst, dat is dien Sook. Mi is dat eendont. Zeitung kummt bi uns al'n ganze Tiet nich mehr in't Huus. Wi leevt achtern Diek, dat is allns. Ik vertell ok geern van mien Molerei. Over ik mutt di wohrschoon. Een Geschicht lett sik dor nich van moken – un an een Dag is dat liekers nich allns utsnackt. Ik weet nich, woveel Gedüür du hest?« – Dat is een Froog, over he töövt de Antwoort nich af, he vertellt: »Anfungen weer dat allns mit een Munddook. Een Deern hett mi dat schenkt. Dat weer een Munddook ut feinen Damast, un dat Bild van een Gasthuus weer dor opdruckt.

Gasthuus – nee, Gasthuus weer dat gor nich. Weer een »Speiserestaurant«, een van de feinsten in Bremen. De Deern paß dor ok hen, weer sülm so smuck un fien. Helle Hoor harr se un blaue Ogen. Dat Gesicht un de Arms weern bruunbrennt van de Sünn. To düsse Tiet weer ik Lehrjung bi mien Vadder op de Bootswarft. Söventeihn weer ik, un de Deern jüst so oold. Se keem mit ehrn Vadder een Boot to bestelln. Un wieldes de beiden Vaddersen verhanneln dän, schull ik ehr de Warft wiesen. Dat dä ik ok. Over nu glööv man jo nich, dat dor een Leevsgeschicht van warrt. Ik föhl mi dor gor nich so goot bi. Se weer heel fein in Tüüg. Ik harr mien Arbeidsbüx an, de weer vull Saagspöön un Stoff. Liekers dä ik mien Best. Ik wies un verkloor ehr allns, wat dat bi uns to wiesen un to verkloorn geev. Se bekeek sik allns, un funn dor soveel Smack an, dat ik mit de Tiet mien schietige Büx vergeet un anfung, mi so'n beten as de Baas to föhln. Dor weern denn over de beiden Vaddersen sowied, dat se allns be-

snackt harrn. De Deern sä mi adschüß – un geev mi dat Munddook. – – –«

De Verteller besinnt sik 'n beten. Sien Froo nödigt wieldes to'n Eten, schenkt Koffi no, sett sik denn weller daal un kiekt no em hen, as wull se em opföddern. Dor snackt he denn ok wieder:

»Ik stünn dor un keek op dat feine Munddook. Ik wüß, nem dat »Speiserestaurant« weer. Eenmol, as ik in Bremen wat to doon hatt harr, weer ik dor längs gohn. Dor harr een Keerl in gröönklöörte Uniform vör de Döör stohn, stief as een Pahl. Un dör de groten Finstern harr ik de Kellners sehn – all weern se in'n Steertrock ween un harrn dat Eten in sülverne Schötteln opdregen. – Dor harr se nu ok seten, de feine Deern. – – Mi weer dat jo gor nich no de Möög, in so

11

'n »Speiserestaurant« to sitten, un mi van steertrockte Kellners wat opdregen to loten. Ik harr mi wiß nich komodig bi föhlt.

Worüm – worüm seet dor nu een Steckel, de sik nich betemen loten wull?

Dat Munddook – harr se mi dat schenkt, üm mi to wiesen, wokeen se weer? Op düsse Froog kunn ik de Antwoort nich finnen. »Nee«, dach ik, »se hett so een sööt Gesicht, wat schull se so hoochnäsig ween?«

»Jo«, dach ik, »se hett anners woll nich veel mit Lüüd to doon, de Saagspöön un Stoff an de Büx hebbt.«

De Steckel bleev. Over dat is man so, dat de Minsch sien Steckel bruukt. He blifft anners to licht op een Placken bestohn. – – –

Ahn dat mi dat to Sinn keem, söch ik no een Brück in de Welt, in de de Deern leven dä. Ik klamüster mi so allerhand ut. Grote Schippswarft wull ik moken ut uns lütt Bedrief, Reeder wull ik warrn.

Dat weern Drööm, un Drööm hebbt Flünken, köönt wied vörrut flegen. Dat Doon mutt to Foot achterno un kummt meisttiets nich so wied, as de Drööm flagen sünd. Un doch blifft foken een Deel behangen – – – an Anfang sünd jümmer de Drööm ween. Un mien Drööm weern keen Utflucht, se harrn all mit mien Arbeid to doon. In mien Arbeid, dor weer ik nu so flietig in, dat Vadder sien Freid an mi harr.

No Fierovend keem ik ok to de Molerei. Toeerst heff ik bloots Bööt un Scheep tekent un moolt – Bööt un Scheep, de ik loterhen boon wull. So ganz as van sülm keem dat Water dorto, de Heven, de Sünn, de Bülgen un Wulken, de Diek un dat Land ümto. Dor dach ik denn ok mol, ik kunn woll 'n groten Moler warrn. – – –

De Krieg möök all de Drööm twei. As ik mien Gesellnstück mookt harr, dor müß ik Suldat warrn.« – – –

Nu is dat 'n tietlang still in de Döns. Bloots de Klock is to höörn un van buten de Schree van een Schüttreiher.

»Dat is een Deel van mien Vertelleree«, seggt de Moler denn. »Hest woll markt, is nix Besünners dor an, kuum wat, wat för di un dien Zeitungslesers to bruken is. Over wenn du wullt, denn will ik di annern Dag wiedervertelln. –«

Op de Oort dröff ik denn noch eenmol in de Döns sitten gohn, de so vull Licht un vull Warms is. Un he vertellt wieder:

»Ik harr dat Glück un keem al 1945 weller no Huus. Uns Huus hett de leege Tiet överstohn. In de Warft harr Vadder keen Hölpslüüd un ok keen Arbeid mehr. He möök Discherarbeid för de Lüüd ümto un harr dor ok noog mit to doon. Ik hölp em. So kemen wi trecht. För Drööm weer keen Tiet mehr, dat güng elkeen Dag üm dat Överleven.

Nich wiedaf van uns Huus weer noch een Lazarett. Een Dag keem van dor een Swester no mien Vadder, wull frogen, wat he ehr nich Stohl un Disch moken kunn. Se harr allns verloorn in de leege Tiet, ok ehr

Öllern. Swesterndracht harr se an, un dat leet ehr goot. Over 'n Deern weer se nich mehr, so as ik keen Jung-keerl mehr weer. De Tiet harr uns gau wassen loten.

De Swester keem no mien Hövelbank. Wat weer ehr Gesicht small un witt. »Ik bün al mol hier ween«, sä se, »over dat mutt woll vör hunnert Johrn ween hebben.«

»Ik weet«, anter ik. »Düttmol kann ik keen Warft wiesen.« Dor keem een ganz lütt Smuustern in ehr Gesicht. »Un ik heff keen Munddook to'n Dank segge«, sä se liesen. –

Dat Mundook! De Krieg harr mi all dat vergeten lo-ten. Over dat Munddook funn sik noch weller an. Dat leeg twüschen mien Biller boven in de Komer, in de grote Schuuf van mien Schapp. Un een Dag wies ik ehr dat Munddook un ok mien Biller. Een annern Dag vertell ik ehr van mien Steckel un van mien Drööm. Un denn . . .« – de Moler faat no de Hand van sien Froo – »denn sünd wi tohoop wiedergohn. Ik heff Antwoort op mien Froog van domols kregen, un op mennigeen annere Froog ok. – – –

Mien Öllern hebbt dat noch beleevt, dat de Warft weller in de Gangen keem un dat ik mien Meister-breef kreeg. Ok mit uns twee Jungs hebbt se noch 'n poor Johr tohoop leven kunnt. – De leege Tiet, de denn för uns lütte Warft keem, de hebbt se nich mehr beleevt. – – –

De Utstattung van de Warft weer oold, un Bööt worrn nu van Fabriken in »Serien« mookt. Wi harrn meist bloots noch dormit to doon, dat wi Bööt un lütte Scheep opkloorn müssen, nee'e Farv geven, repareern, wat tweibroken weer. Af un an worr ok nochmol een Boot bestellt, dat harrn wi uns goden Noom to verdanken. Over mien Lüüd kunn ik nich hooln. Een Meester, al över sößtig, een Gesell, mien öllst Söhn as Lehrjung un ik, dat bleev van uns Mannschop över. Den Schrievkroom nöhm mi mien Froo af. Wenn wi bi een Opdrag mit de Tiet nich so goot henkemen, denn weer ik woll mol twölf Stünnen un mehr bi de Arbeid. Ik wull nich opgeven! Mien Grootvadder harr de lütte Warft in de Gangen bröcht. He weer mit söventig noch den ganzen Dag an sien Platz ween. Ik wull nich opgeven, wull mit de Tiet nee'e Maschien köpen. Villicht harr ik dat ok trechtkregen – over denn möök mi mien egen Dösigkeit mien Plaans toschann . . .«

»Dösigkeit« – dat will sien Froo nich gellen loten. Se hett em tohöört, as kenn se de Geschicht nich, as höör se dat allns to'n eersten Mol, un keen Woort dröff ehr verloorn gohn van sien Vertelln. Nu over ünnerbrickt se em: »So dröffst du nich snacken«, seggt se. Un denn kiekt se mi an un verkloort mi: »He hett arbeid as twee Peer. Denn weer he eenmol vör Mödigkeit över een Pahl stölkt un hett sik dat Knee tweibroken. Dor hett over keen Uhl inseten, sünnern een Schutzengel hett em oppaßt, dat he van sien Schinneree nich to Dood keem«. –

»Froonslüüd mööt jümmer noch wat bi moken«, antert he, smuustergrient dor over so'n beten bi un vertellt denn wieder:

15

»Ik müß in't Krankenhuus, müß achterno mit twee Krücken gohn, un mit de swore Arbeid weer dat för'n lange Tiet vörbi. Uns Warft harr to'n eersten Mol een Froo as Baas. Se harr dat Seggen, un se dä dat mit soveel Geschick, dat se mit uns olen Meester tohoop den Bedrief hooln kunn, bit uns Jung utlehrt harr – een un een halbes Johr. Over dat Slimmste, wat se in düsse Tiet to dregen harr, dat weern mien Nücken. Ik kunn un kunn mi nich affinnen.«

– – –

Sien Froo will dor weller gegenan gohn. Over he wehrt ehr af.

»Lot man, dat weer so, as ik dat segg.«

Se schüttkoppt, lett em denn over wieder vertelln.

»Een Dag harr mien Froo dor woll noog van. Se söch mi all mien Molerkroom vörtüüch. »Hermann Smolt will een Bild van sien Seilschipp hebben«, sä se. Un ik gnadder – ik heff domols woll meisttiets gnaddert –: »Denn schall he sik dat over mit sien egen Kroom trechtmoken!« –

»He hett mi beden, dat du em dat moolst«, sä se un geev mi de Tekenblööd, de noch ut mien Jungkeerlstiet weern. Dor full dat Munddook twüschenrut.

Wi stünnen uns lieköver, mien Froo un ik, un wi keken op dat Munddook. »Grote Schippswarft wull ik moken ut uns lütt Bedrief«, sä ik liesen. Und dat mutt sik bitter anhöört hebben. »Van dütt Gasthuus dor is bloots dat Munddook nobleven«, sä mien Froo. Dat Huus is afbrennt. – Se sünd nee anfungen.« – – –

Worr mi ok in de tokomen Tiet noch suur, nich

bloots an mien egen Malöör to dinken. Se harr veel Gedüür mit mi, so kemen wi dor överhen.

De Warft worr verköfft. Wi kregen dat lütte Huus achtern Diek, un ik worr de snaaksche Moler.

Hermann Smolt hett sien Seilschipp kregen. Un dat keem so, dat ik över mien Molerei allns vergeten kunn. Du weetst dat jo woll – dat geiht nicht van alleen, dat Schrieven nich, un dat Molen ok nich. Höört Arbeid to.

Wat weern mien Hannen so unbedarft! Bleesticken un Pinsel wulln nich as ik dat wull. Bi jedeen Bild lööp dat op een Proov rut – nee bi jedeen Bild. Weer over mien Moolgestell för'n tietlang leddig, denn müß ik oppassen, dat Grappen un Grillen mi nich footkregen.

Wenn ik buten weer mit mien Moolkroom, denn bleven de Lüüd woll ok mol stohn un bekeken sik dat Spillwark. Keem eenmol ok de Galerist van uns lütte Stadt bi mi an un wull een »Kunstutstellung« moken mit mien Biller. »Kunstutstellung« sä he. Ik heff dor ok nich gegenansnackt. De Galerist weet jo, wat Kunst is. He hett dor sien Maat för, un dat is eenfach un gau to begriepen. Kunst is dat, wat sik verköpen lett. So weer he denn ok in gode Gelegenheit mit mi – glieks bi de »Vernissage« hett he söß Biller verköfft un sien Unkösten weller verdeent. – »Vernissage« – ik heff eerstmol nokieken müßt, wat dat Woort bedüüd. »Eröffnung einer Kunstausstellung vor geladenen Gästen«. Musik geev dat dor, un Sekt. Van de Zeitung weer ok een dor.

Achterno, as dat weller still weer in dat grote Huus, de Galerist mit de Köpers in sien Büro to doon harr, dor stünnen wi denn, wi beiden. Wi wüssen nich, wat wi töven schulln oder ganz liesen ut de Döör gohn. Van de Wannen keken uns all de Biller an, mien Biller. Die mehrsten kemen mi nu frömd vör, so, as harr ik dor nix mit to doon.

Lett sik over beter ordeln över dat, wat di frömd worrn is. Ik kunn dat nu goot sehn – de mehrsten Biller weern för een Utstellung nich goot noog. Ik weer lang nich bit an mien Scheden gohn, ik harr mien Best nich doon. Harr mi keddelt, dat de Galerist een Utstellung moken wull. Over ik harr töven müßt, Gedüür hebben. – Gedüür hebben, dat is dat Swoorste! Villicht wiel uns Leven so kott is. –

Bi mi bleev wat no. Weer ok so 'ne Oort Steckel. Mi weer dat to Moot, as harr ik wat goottomoken. –

Wi güngen denn doch ganz liesen ut de Döör – dorhen, nem dat Water to höörn is, nem de Heven in de Nachen noch düsterblau is, un de Stadt gegen de Steerns nich ankummt. – – –

Ik heff dat nu lehrt, dat Gedüür hebben. Un villicht blifft mi ok noch Tiet, mien Best to geven.« – – –

He is to Enn mit sien Vertelln. De Sünn kummt schreeg in dat lütte Finster. Se steiht al deep, un ehr Licht is as iedel Gold. De Moler kiekt mi an, as wull he noch eens weten, wat he van mi to hooln hett.

Un denn seggt he: »Dat is allns, mien Deern. Deit mi leed, dat ik di keen grote Geschicht vertelln kunn. Wi hebbt dat Leven ganz eenfach bestohn. – – Du weetst dat jo sülm, ut sowat is keen Geschicht to moken.

De eene Stimm

Is weller still in't Huus. De letzten Besökers sünd gohn. De Jubilar Peter Reincke – he hett sien söventigsten Geboortsdag fiert – sitt alleen in sien Stuuv. Liesen geiht dat Pantikel van de Klock.

Wo geern harr he nu noch een Stünn mit sien Herta snackt. Is swoor to begriepen, dat een Minsch eenfach nich mehr dor is. Dor kloppt dat sachs an de Döör. Hett woll al'n poormol kloppt.

»Jo« seggt Reincke, un kann doch kuum ut sien Gedanken finnen. Denn steiht sien Söhn in de Döör. »Ik wull di noch wat seggen, Vadder.«

»Denn kumm un sett di daal!«

»Ik – stör di nich?«

»Wiß nich. Ik bün bang vör de Nacht.«

»Ik wull di – Dank wull ik di seggen. Ok van Karsten. He hett nich blieven kunnt.«

»Jo, ik weet.«

»Een Vadder, as du för uns ween büst – gifft woll nich foken.« – –

»Mi hett dat Leven nich mehr tohöört.«

»Di nich tohöört? Wo meenst du dat?«

Peter Reincke antert nich glieks.

»Is woll sowied«, seggt he denn. Eenmol mutt ik dat jo los warrn. Ji sünd domols noch so lütt ween, Karsten un du, dat is joo allns vörbigohn.

In de sößtiger Johrn keem een swore Tiet för uns. Harr nich veel an fehlt, un de Hoff weer uns verloorn

19

gohn. Keem överall een Ümstellung in de Landweert-
schop. Söventig Morgen Land, söven Köh un twee
Peer harrn wi. Dat geev keen Existenz mehr.

Ik heff Land in Pacht nomen un een Trecker op
Borg köfft. Tokomen Johr weer denn de Oorn nich
goot, un ik wüß de Raten nich to betohln. Dor heff ik
versöcht as Vertreder för Landmaschienen wat to ver-
deen. Over sowat mutt een verstohn. Ik verstünn dat
nich. Ik verlöör bloots de Tiet, de op'n Hoff so nödig
weer. All mien Möh weer ümsünst. De Sorgen leten
mi Dag un Nacht keen Rauh. Un eenmol – ik weet
nich mehr, woans dat komen is – heff ik bi all dat Gru-
veln ünnerwegens de Gewalt över mien Auto ver-
loorn. De Wogen ras mit mi över de Krüzung op een
anner Fohrtüch to. Dat Gesicht van een Deern weer
dor noch – vertarrt van Angst. – – Dat weer dat Lezte,
wat ik opnomen heff. – – As ik weller to mi keem,
leeg ik in een Bett, un allns üm mi weer hell – so hell,
dat mi dat weh dä. Stimmen weern dor. Een Stimm sä:
»Sie haben noch Glück gehabt.«

Denn weer weller Düsternis, un de Düsternis weer
goot. Se versöken mit mi to snacken – de Dokters, de
Swestern un – Modder. Modder seet an mien Bett un
hööl mien Hand. Over ehr Hand dä mi weh, ehr Goot-
heit dä mi weh. Ik weer bang vör de Stimm, weer bang
vör een Antwoort op de Froog, för de ik keen Moot
harr. Ik wull mi vergrupen, wull mi de Düsternis nich
tweirieten loten. – – –

Denn weer dor eenmol een Stimm, de to'n To-
höörn dwung.« – – De letzten Wöör seggt de Verteller

20

mit een bevern Stimm. He steiht op, haalt Glöös un een Buddel, de noch half vull Wien is. He will ingeten, over die Hannen sind schudderig. Sien Söhn mutt em to Hölp komen.

»De Stimm sä: »Sie dürfen nicht ausweichen, Peter Reincke! Sie müssen ins Leben zurück. Sie haben eine Frau, Sie haben Kinder. Stehen Sie ein für das, was geschehen ist. Gutmachen können Sie nur mit Tun. Sie müssen durch – so wie ich auch.« Een Mann seet an mien Bett. No dat Öller harr he woll mien Vadder ween kunnt. Sien Hoor weer gries. Üm sien Mund leeg een Toog van Truur. Sien Ogen weern hell un legen deep ünner de Steernbagens. – – Un dor weer noch wat – weer wat, dat swoor to beschrieven is. Een Fastheit in sien Gesicht, een Entsluten. Ik keek em an, wüß nix to seggen. Un he, as müß he mi nu verkloorn, wat he mit mien Unglück to doon harr, he sä: »In dem anderen Wagen hat meine Tochter gesessen. Sie ist tot.« – – He tööv keen Antwoort af – he stünn op un güng.

Ik seet stief un starr in mien Bett – ik weet nich, wolang.«

Reincke swiggt een tietlang, as müß he sik besinnen. Buten föhrt noch een Auto vörbi. De Schienwarfers goht dör de Stuuv. Jichtenswo klappt een Döör.

»Uns Leven kummt ut een düstern Schoot«, seggt de Ole denn. He seggt dat so, as snack he mit sik sülm. »Geboort, dat heet an't Licht komen. Dat heet over ok veel opgeven van dat, wat Schuul ween is, wat borgen hett. –

Hatt ween is mien tweete Geboort, mien Geboort ut de Düsternis. Wenn dat Gesicht nich ween weer, dat Gesicht un de Stimm van den Mann, de so över sien egen Noot weggohn kunn – ik harr mi fallen loten, ik harr dat nich dregen kunnt. –

As Modder annern Dag to mi keem, sä se bloots: »Laarsen is bi di ween.« Un ik nickköpp, ik wüß wokeen meent weer. – – Wenn ik nu segg, dat Leven hett mi nich mehr tohöört, denn höört sik dat no Opfer an. Over so weer dat nich. Mutt di woll sünnerbor vörkomen, over mi weer dat in de tokomen Tiet, as harr ik dat Leven nu eerst wunnen, un as müß ik dat nee winnen mit elkeen Dag – nee winnen gegen mien Schuld. –

Modder harr sik van een tostännige Steed beroten loten. Se harr den Trecker weller afgeven, Veeh verköfft, de Pacht opkünnigt. De Weertschop leep op Spoorflamm. 'n poor Johr bün ik no Fabrik gohn. Denn güng dat weller vöran, mit veel Arbeid, mit veel Möh. Modder hett all de Last mitdregen, hett nie nich kloogt.

Ik weer in düsse Tiet dankbor för elkeen Dag. Dankbor, dat ik dat allns in de Hand kreeg, dat ik foddert weer un ok bestohn kunn.

In de Nachen over keem dat Bild – dat Gesicht van de Deern, vertarrt van Angst. Ik keem bloots mit Arbeid dor gegenan – un mit een Leven för joo. –

Foken bün ik an ehrn Graff ween. Tweeuntwentig Johr is se oold ween – tweeuntwintig Johr . . .«

Reincke is to Enn mit sien Geschicht. Dat schummrige Licht van de Dischlamp spegelt sik in een Wienglas. No'n Wiel sleit de Klock – tweemol. De Nacht kloogt ehr Recht in.

Gifft dat een Woort för so een Stünn?

»Ahn Schuld blifft keen van uns«, seggt de junge Peter Reincke. Over he weet, dat sien Wöör keen Bedüden hebbt.

»Lot mi noch een beten alleen sitten«, antert sien Vadder. – In düsse Nacht findt de ole Peter Reincke sien Sloop – den Sloop, de alle Schuld utlöscht un keen Gesichten mehr hett.

Leven dat heet . . .

Leven dat heet
jümmer ok Noot to dwingen,
Noot to dwingen, dat heet
jümmer ok wassen togliek.
Over wat wassen schall,
dat bruukt ok Warms un Licht.

Is dat woll anners ween
in jichtenseen Tiet?
Doch nu sünd Lüüd,
klook un mit scharpen Verstand,
de tellt tohoop
wat uns Tiet
bargt an Noot un Gefohr.
Schrievt dat ok,
dreegt dat ok vör,
doot dat so ganz un gor.

Dor blifft keen Steed
för dien Höpen
un för dien Lengen no Licht.
Dor stickt das Wassen

Leven verlaamt un verklaamt.
Höllst du dien Höpen fast –
se hebbt den scharpen Verstand,
se snieden't twei.

Leven dat heet
jümmer ok Noot to dwingen,
Noot to dwingen dat heet
jümmer ok wassen togliek.
Over wat wassen schall,
dat bruukt ok Warms un Licht.

. . . over gottloof nich in Riemels.

Mien Vetter Heinz weer 'n poor Johr öller as ik. As wi Kinner weern, dor hett he sik nich veel mit mi afgeven. Loterhen over möök em dat Spoß, mi so'n beten to üzen. Harr ik mi twüschen Feller un Wischen so'n feinen bunten Rükelbusch tohoopsöcht, un he kreeg dat to sehn, denn sä he: »Ooch, hest de Kaninken weller dat Foder wegnohmen?«

Wenn ik to een Familienfest so'n lütten Riemel mookt harr, denn kreeg ik to höörn: »Wo kann een sik bloots mit sowat afgeven? Wenn Goethe nich al allns schreven harr, wat ik schrieven wull, denn harrst mi mol kennenlehrt. Over so – so geev ik mi lever mit mien Maschienen af.« Dat dä he denn ok, he arbeid in een Maschienenfabrik.

Denn keem de Krieg, un he müß Suldat warrn. De eerste Tiet schreev he foken, schreev jümmer an uns allthohoop, un sien Breven güngen ok dör de ganze Familie. Se weern vull Moot un vull Toversicht.

1943 keem he no Rußland. Dor keem denn wenig Post, un wi weern all bang üm em. Ik mark nu eerst, dat he mi leev weer as een Broder. Wo geern harr ik mi nochmol sien Üzerei anhöört.

Een Dag kreeg sien Modder denn een Breef ut een Lazarett. Heinz weer verwundt, se harrn em een Been afnehmen müßt. He weer veeruntwintig Johr old.

As he denn loterhen in een Heimatlazarett keem, dat gor nich so wiedaf weer van uns lütte Stadt, dor

föhr ik ok em to besöken. Dat Hart klopp mi, as ik in den langen Floor stünn – in den langen Floor mit all de velen Döörn. Een Rükelbusch harr ik in de een un een Büdel mit sülm trechtmokten Kriegstietbackels in de annere Hand. Ik keem mi so lütt vör. Wat kunn mien Besöök em bedüden?

Een Swester wies mi den Weg. Un denn stünn ik an sien Bett, wüß nix to seggen un wüß nix to doon. He weer so verännert. De Ogen stünnen so groot in dat bleke, smalle Gesicht. Over ehrdat mi de Tranen in de Ogen kemen, greep he no den groten Rükelbusch, bekeek em un sä – forsch, over nich so minnachtig as ehrmols: »Kaninkenfoder?«

As Heinz weller no Huus keem, dor harr de »Orthopädische Werkstatt« ehr Arbeid doon, un he harr to'n tweeten Mol lopen lehrt. Wi harrn in de Twüschentiet oftins doröver snackt, woans wi em hölpen un Moot moken wulln. Dat keem over ganz anners. He sehg, wo swoor sien Öllern an sien Verwundung to dregen harrn. Dor weer he dat denn, de Hölp geev. Dat annere – dat Bittere, dat mutt he woll mit sik sülm afmookt hebben.

Sien Arbeid kunn he nich mehr moken, he keem in een Büro. Un dor heff ik em denn ok mol mit een griesgrammeligen Gesicht sehn. Ik harr in dütt Büro wat to doon. Dor seet he, keek mi an un sä: »Nu mutt ik jo doch schrieven – over gottloof nich in Riemels.«

»Ik mook dat al«

Dat weer mol so'n Snack bi uns tohuus, dütt: »Ik mook dat al«. Is nu lang her. Uns Oma harr dat opbröcht. Se weer domols wied över de Söventig.

Over dat leet, as harr dat ut de Familie keeneen mitkregen. Mit allns, wat so anfull kemen wi no Oma hen – de Kinner un de Groten. Speeltüüg repareern, wat knütten oder wat neihn, wat nich so eenfach weer, 'n goden Raatslaag geven, wenn jichtenswo wat scheep lopen dä – allns dat weer Oma ehr Rebeet.

Se harr dor over sülm Schuld an, dat soveel op ehr tokeem. Se wull dat woll ok gor nich annes hebben. För jeden Lock harr se een Flock – un se harr den Snack: »Ik mook dat al.«

Den harr se ok, wenn mol een op den Gedanken keem, dat se villicht doch Hölp bruken kunn in 'n Huus un in'n Goorn. Wenn düsse een denn ok würklich hölpen wull, denn so müß he dat ganz vigelienisch anfangen. Anners kunn em dat passeern, dat dat: »Ik mook dat al« ganz gnadderig rutkeem, un dat Oma achteran noch sä: »Lot man, dat is för een alleen al swoor noog.« Se kreeg ok noch lange Tiet allns sülm in de Rehg, so old as se weer. Keem over doch een Tiet, dor müß se Hölp bruken. As de Krieg vörbi weer un dat kuum noch wat to eten geev, as een van ehr Grootsöhns as vermißt gull un een anner mit een tweischoten Been no Huus keem, dor güng dat mit ehr Kraft to Enn. Se weer nich krank, se harr eenfach

29

keen Kraft mehr. So goot as dat man güng, kreeg se denn ok de Hölp, de se solang utslahn harr.

Een Dag müß ik ehr adschüß seggen. Ik müß gau över de Grenz, müß no'n Westen. Een Fründin harr mi wohrschoot. De Lüüd, de nu in mien Heimat dat Seggen harrn, de harrn mi op'n Kieker. Oma seet in ehrn Korfstohl bi't Finster. Ik nöhm ehr beiden Hannen. Wi wüssen beid – dat geev keen Wellersehn. Ik wull ehr nich trurig moken, geev mi alle Möh. Un doch müß ik ganze Tiet vör ehr bestohn blieven, kunn gor nich weggohn.

Miteens over keem een ganz lütt Smuustern in ehr Gesicht, un denn sä se liesen: »Ik mook dat al.«

Wieschen

Se weer 'n ganz lütte Froo. As ik ehr kennenlehrt heff, weer se al an de Söventig ran. Ik heff ehr jümmer bloots in düstern Tüüg sehn un mit een blaue Schört över den Rock. Jümmer sehg se glatt un schier ut. Dat witte Hoor weer in'n Nacken tohoopsteckt. Dat Gesicht weer rund un frisch, un ut ehr Ogen keken Gootheit un Leven – noch soveel Leven.

Wenn Wieschen dör dat Dörp güng, denn harr se meisttiets een Handkorf över een Arm hangen. Se weer flink to Been un harr dat jümmer hild – solang, bit ehr een in de Mööt keem, nem se geern mit snakken dä. Denn kunn se all de Iel vergeten un stohn un snacken un tohöörn. Tohöörn kunn se goot. Se wull allns weten, wat sik so in't Dörp begeev. Seker weer dor ok 'n beten Neeschier mit bi – over doch mehr Sorg üm de Lüüd in ehrn Dörp. Swoor weer de Tiet – de Tiet no'n Krieg. Wieschen hett mennigeen bistohn – nich bloots mit Raatslaag, ok mit Doon. Mennigeen hett bi ehr een Mohltiet kregen. Se harr sülm nich veel, over se geev geern. Weer ok nich eenfach för ehr, dat se in'n Huus keen mehr to ümsorgen harr. Ehr Mann weer doot, de Kinner ut'n Huus.

Dat Wieschen mol »Luise« heten harr, dat harr se woll sülm vergeten. Se nömten ehr all Wieschen, un se harrn ehr all geern. Af un an grien woll mol een achter ehr her, wenn se so ielig dör't Dörp lopen dä,

31

miteens over veel Tiet to'n Snacken harr, un achterno weller ganz un gor in Fohrt keem. –

An een Dag veränner sik Wieschen ehr Leven nochmol. Un no düssen Dag geev dat in'n Dörp keen Grienen mehr över ehr Egenoort. Dat Dörp weer ehrmols üm een Riddergoot rüm entstohn. Dat Goot bestünn ok nu noch, un dat mehrste Land höör den Gootsherrn noch to. So weer de Gootsherr ok Arbeidgever för dat Dörp. Üm de Tiet, nem ik van vertell, worrn veel Röven anboot. De müssen in't Vörjohr hackt un vertogen un in'n Harvst ut de Eer trocken un verloden warrn. Düsse Arbeiden möken nu meist Froonslüüd, de ut Schlesien oder Ostpreußen komen weern.

Eenmol geev dat bi de Rövenoorn een Unglück op'n Feld. Een Rööv weer dör den Ring van een Handgranat wussen, de noch van'n Krieg her in den Bodden steek. As een Froo düsse Rööv ut de Eer trock, explodeer de Handgranat, un de Froo keem to Doot. De Froo weer mit ehr Dochter tohoop ut Schlesien komen, ehr Mann weer in Rußland vermißt. De Deern, de nu alleen in de Welt stünn, weer teihn Johr old.

As een Loopfüür güng die Nochricht van den Unglück dör dat Dörp. Se keem ok bi Wieschen an. Over Wieschen stell sik nich mit op de Stroot üm dat Malöör to besnacken. Wieschen güng no'n Schoolmeester, de de Deern jüst in sien Ünnerricht harr. Un Wieschen güng no'n Börgermeister. Wieschen kreeg dat trecht, dat de Deern bi ehr een Tohuus kreeg. »Vöreerst« worr seggt. Dat »vöreerst« hett denn teihn Johr duurt. Van »Kinnerheim« un »Wieschen is to old« weer bald nix mehr to höörn. Geev 'n Barg annere Sorgen in düsse Tiet.

De Deern – Kinner köönt to'n Glück gau vergeten – harr bald weller blanke Ogen, un Wieschen dä för ehr, wat se man kunn. Ehr gröttste Sorg weer nu, dat se mol dootbleev, ehrdat de Deern sowied weer, dat se de »Oma« nich mehr nödig harr. Se hett sik ümsünst sorgt. Se störf, as de Deern twintig Johr old weer. Se störf ganz still un in Freden. An een Nomeddag harr se sik 'n beten utrauhn wullt, weer mööd ween. Un se weer nich weller opstohn.

De Deern truur deep üm ehr. Over se kunn sik doch alleen wiederhölpen. Wieschen harr ehr Sniedersch lehrn loten, un in dat lütte Huus kunn se ok blieven.

Veel Lüüd güngen achter Wieschen ehrn Sarg her. Veel Blomen kemen op ehr Graff. Wat harr de ole Froo sik freit, wenn se dat sehn kunnt harr.

De Spegel

Minschen
de üm di sünd,
Minschen de du bemöttst,
sünd as dien Spegel.
Se wiest
di dien egen Gesicht.
Lach,
un dat lacht di torüch,
streck dien Hand ut
denn kummt
di ok een Hand tomööt.
Un mit Vertroon
winnst du di sülm Vertroon.

Minschen
de üm di sünd,
Minschen de du bemöttst
sünd as dien Spegel.
Vergeet nich,
se wiest
di dien egen Gesicht.
Gifft dat bi Lachen un Leev,
gifft dat bi Tovertroon
ok mol een blinde Steed
in dien Spegel –
Leegheit un Afgunst
gifft he di ganz torüch.

Wat een to wied wegsmieten deit

Wenn wi as junge Lüüd mol doröver snacken dän, dat wi dütt oder dat so gor nich lieden mochen, denn sä uns Oma jümmer: »Wat een to wied wegsmieten deit, dor stölkt he opletzt noch över.« Se grien dor so'n beten bi, un dat duur ok gor nich lang, dor vertell se uns eens weller de Geschicht van ehr Süster, uns Groottante Anna. De Geschicht, de kennen wi al lang. Over se weer un bleev jo gediegen un goot antohöörn. Ik will se denn ok vertelln – so, as uns Oma se vertellt hett.

Tante Anna weer as junge Deern heel smuck un fien. Flinke Been harr se ok. Wenn se no Danzmusik güng, denn flöög se man so van een Arm in'n annern.

Over eenmol, dor keem dat anners. Een staatschen Jungkeerl, meist 'n Kopp grötter as de lütt Anna, bleev jümmer dicht bi den Disch, nem Anna mit ehr Fründin tohoop an sitten dä. He danz bloots mit Anna un weer jümmer op 'n Kiewiev, dat anners keen an ehr rankeem. Anna weer dor ok woll ganz mit tofreden. Wenn de Musikers anfungen to speeln, denn keek se no em hen – so, as wenn he de Eenzigste weer, de mit ehr danzen wull. De beiden lachen un snacken tohoop, un dat Danzen, dat flutsch man so bi jüm.

No 'n Tiet, as de Musikers mol Föffteihn möken, dor keem de Jungkeerl no Anna un ehr Fründin hen un fröög, wat he bi jüm an'n Disch sitten gohn dröff. Anna nickköpp denn jo ok. He wull sik nu toeerst

vörstelln, so as sik dat höört, un sä sien Noom: »August Meyer«.

Den Dünner ok – dat harr he man lever nich doon schullt. Anna, de jüst noch lacht harr mit Mund un Ogen, de worr nu op 'n Stutz stief un starr. Dat sehg ut, as weer bi ehr dat Lachen in 't Gesicht infroorn. Se keek den Jungkeerl an, as weer he de Düvel un de

Dracula in een Person. Denn sprüng se op, nöhm ehr Handtach un schööt ut 'n Sool, as güng dat üm ehr Leven.

De Jungkeerl stünn as 'n Pahl. He begreep nich, wat dat to bedüden harr un keek no Anna ehr Fründin hen, wull van ehr weten, wat dat mit Anna weer.

De Fründin kunn over nich antern. De seet un lach, dat ehr de Tranen in de Ogen kemen. Dat duur 'n beten, bit se em verkloorn kunn, wat dor achter weer, un worüm Anna sik so sünnerbor opföhrt harr.

Dat weer so: In de wiedlöftige Verwandtschop van uns Oma un Tante Anna, dor geev dat in de domolige Tiet een Deern, de jüst freen wull. Ehr Brögam heet – August Meyer. As Anna dat höört harr, dor harr se ganz snippsnutig seggt:

»August Meyer – wokeen is dat denn? Wenn een al August Meyer heten dä, dann wull ik dor wiß un wohrhaftig nix mit to doon hebben!« –

De Jungkeerl, de nu tofällig ok August Meyer heten dä, kreeg bi de Fründin ehr Vertelln so een Blinkern in de Ogen, so as wull he seggen: »Nu mookt mi de Sook eerst richtig Spooß!« He nöhm dat grote bunte Dook, dat Anna vergeten harr, as se ut de Döör lopen weer, un sä: »Wenn dor wieder nix is!« Denn leet he sik de Adress van Anna geven, kümmer sik dor ok noch üm, dat de Fründin nu nich alleen besitten bleev, un güng denn no Huus.

Annern Dag, as he in sien Kontor Fierovend harr, dor müß he denn jo dat Dook afgeven. Dat dä he geern. Nu weer Anna over jüst an düssen Ovend alleen in'n Huus. Dat weer goot – dat weer over ok slecht. Goot weer dat, wieldat he mit Anna op düsse Oort jo beter snacken kunn. Slecht weer dat over, wieldat jo anners keeneen to weten kreeg, wat sik bi düssen Besöök afspeelt hett. Uns Oma kunn dor gor nich överhen. Wenn se dat Begeevnis sowied vertellt harr, denn sä se jümmer: »Ik weet bit nu nich, woans dat komen is, dat he Anna so gau besnacken kunnt hett.« Un Opa meen denn sluusohrig: »Snackt warrt bi sowat meisttiets gor nich soveel.« Un denn smuustergrien he so vör sik hen.

Gor so opsternaatsch mutt Anna sik domols woll nich opföhrt hebben. De Minnachtigkeit för den Noom »Meyer« hett sik bi ehr geven. Dat weer man goot so, denn dat duur nich lang, dor heet se sülm Meyer.

Ehr Söhn kreeg den Vörnomen August. Anna sä: »De Deerns schulln dat molins ok nich better hebben as ik.«

Bi 't Finster

De Nacht is still, de Nacht is as een Droom.
Wiedaf in dusend Lichten liggt de Stadt.
Ganz liesen klingt de Klockenslaag van' Dom.
Un fern van all uns waken Sinnen
geiht dor de Tiet mit meten Stünnen.

De Steerns, de sünd so nah, so kloor.
Ik weet bloots noch: Du büst bi mi.
Wat mookt de Nacht dat Swiegen swoor!
Wi hebbt doch swegen Dag üm Dag. –
Giff mi dien Hand för enen Ogenslag.

Mit swatten Flünken röögt sik sacht de Wind
un drifft sien Speel in lichten Twiegen. – – –
Dor – jach een Lampenlicht! Nu sünd
de Steerns vergohn, nu blifft dat Swiegen.

Am Fenster

Die Nacht ist still, die Nacht ist wie ein Traum,
Aus tausend Lichtern flammt die Stadt herauf,
So fern, so weit von unsern wachen Sinnen.
Fern auch die Zeit, und mag die Stunde rinnen.

Nur du füllst spürbar den erloschnen Raum.
Du warst mir nie so nah, ich war dir nie so eigen.
Gib deine Hand – nur einen Herzschlag lang,
Nur einen Herzschlag lang gebrochnes Schweigen. –

Der Wind hebt atmend seine dunklen Flügel,
Bewegt sich leise in den wachen Zweigen.
Ein Licht flammt auf – und nun verlischt die Nacht.
Der Raum ist hell – gehütet bleibt das Schweigen.

Dat Spökels

Nee, wat weer dat een Opregen in de lütte Stadt! So-wat harr dat jo noch nie nich geven.

Meta Möller harr dat toeerst sehn. Over Meta tüünt sik jo jümmer mol wat trecht, ehr harr dat nüms so recht glöven wullt. Denn hett de ole Thees dat sehn. Thees slöppt nich goot un steiht in de Nacht foken mol an't Finster. Wat sünd em dor een-mol de kolen Gresen över'n Rüch lopen. Eene bleke Gestalt leep – nee, sweev an de Karkhoffmuur langs. Sehg ut, as harr se gorkeen Been. As denn de Maan achter een Wulk vörkeem, dor kunn Thees ok den Dodenkopp sehn. He keek stevens no dat Huus röver. Den olen Mann bevern de Knee. Over dat keem em liekers heel afsünnerlich vör, dat dat Spökels een Hoot över den Todenkopp sitten harr. Een Hoot, de al lang ut de Mood weer. Kotte Tiet loter weer de bleke Gestalt verswunnen, un nix weer mehr to sehn as bloots de Muur un de olen Eekbööm.

Dree Daag loter hett ok Thees sien Froo dat Spökels achter een van de groten Bööm verswinnen sehn. Un as an den sülvigen Ovend de Afteker van sien Stammdisch no Huus wullt hett, dor weer de witte Gestalt jüst dör de Karkhoffspoort wutscht. Nu weer't jo seker, dat dat keen Drugg weer. Een Afteker is een studeerten Minschen, de weet, wat he süht un wat he nich süht.

Dorüm güngen Meta Möller un Ella Thees nu no'n

Pastoor. De Pastoor is een strengglöövschen Mann. In sien Huus geiht allns no Gottswillen. Ok sien twee Söhns vermahnt he jümmer, dat se sik as Pastoornsöhns uttowiesen harrn. Van een Spöök wull de Karkenmann nix van weten. As de twee Froonslüüd över nich noloten dän un jümmer weller to vertelln wüssen, dat ok de Afteker den Geist wiß un wohrhaftig sehn harr, dor meen he, dat de Spöök woll een Spiök weer, un dat he dor förwiß achterkomen wull. In de lütte Stadt över bleev de Snackerei in de Gangen. Wat dorbi de Bangigkeit oder de Lüsten an dat Afsünnerli-

che un Spökische de Bovenhand harr – dat is swoor to seggen.

Ella weer besünners de utmoodsche Hoot opfulln, den de bleke Gestalt över den Dodenkopp harr. Se wüß denn ok glieks Bescheed. »De ole Adler is dat«, sä se. »De hett to Levenstiet lagen un bedragen, nu kann he keen Rauh finnen.«

Over Meta wüß wat anners. »Nee«, sä se. »Willem Frey is dat. Sien Froo hett em keen goden Dag vergünnt, hett em piert bit op sien letzte Stünn. Nu will he dat de Froonslüüd trüchbetohln. He sliekt sik jo jümmer no'n Karkhoffsgoorner sien Huus. De feine junge Deern dor – dat schall mi nich verwunnern, wenn se eenmol 's morgens . . .«

Nee, wat'n gresigen Gedanken! Utspreken kunn Meta dat ok nich. 'n tietlang worr dat Spökels denn nich mehr sehn. Ok de Pastoor, de sik fix vörnomen harr, düssen heidenschen Spiök een Enn to moken, kunn dat nich footkriegen. He harr anornereert, dat Meta – se wohn dicht bi den Karkhoffsgoorn – em foorts Bescheed seggen schull, wenn sik de Geist weller wiesen dä. Un een Ovend weer dat sowied. Bi'n Pastoor güng dat Telefon, Meta harr dat Spökels sehn. De Pastoor keem gau in de Been un kreeg de bleke Gestalt ok würklich vör de Döör van dat Goornerhuus tofoten. Kurascheert reet he ehr dat witte Bettdook af. Man – de liefhaftige Düvel harr em nich so schrecken kunnt as dat, wat he nu to sehn kreeg. Ok de Dodenkoppmask kunn nich verbargen, dat he sien egen Söhn vör sik harr.

Ganze Tiet wüß he nix to seggen. »Worüm?« fröög he opletzt. »Wiel dat nich eenfach is, sik jümmer as Pastoornsöhn to wiesen«, kreeg he to Antwoort. »Ik heff jo toeerst bloots heemlich mien Leevste besöken wullt. Over denn – denn hett mi dat Spöken örnlich Spooß mookt.« – – –

Van düssen Dag an geev dat keen Spökels mehr in de lütte Stadt. »De Pastoor hett dat bannt«, sän de lichtglöövschen Lüüd. De annern kemen op mennigeen afsünnerlichen Gedanken. De Pastoor bereep sik op dat »Beichtgeheimnis« un vertell nix.

Eerst as sien Söhn un de Goornersdochter Hochtiet harrn, keem he mit de Spökelgeschicht vörtüüch. Is em nich licht fulln, dat to vertelln un denn ok noch mit to laachen. Over wat is een Pastoor – wenn he nich ok een Minsch is?

De Klooke

Klook is he!
Nöömt
elkeen mit paßlichen Woort.
Ok wenn dat Woort
frömd is,
un wenn dor de Tung
swoor an to gnübbeln hett.

Klook is he!
Weet
Wöör so as Stempel to bruken,
Stempel
mit stüttige Farv.
Minschen de sünd
för em as prenkelt Poppier.

Wat he ok weet,
dat dor achter sien Wöör
Leven
mit all sienen Wunnen liggt?
Ogen sünd blind
wenn dat Hart
se nich to stüürn versteiht.

Miele, de Göös-Fee

Van een Buursfroo harr Möller de Goos köfft. Se weer nich düür ween, un se harr ok dat richtige Gewicht – weer nich to mager un nich to fett. Wiehnachen schull se in de Pann. Man een Nadeel harr se, de Goos – se leev noch. Un se bröch ok Leven in't Huus. In'n Schuur harrn se ehr een Loger trechtmookt, fein mit Stroh. Foder kreeg se rieklich. De letzten Daag, dor schull se noch 'n beten Freid hebben.

Over de Goos harr van sowat ehr egen Vörstellung. Se weer nich gern alleen. So foken as dat güng, as de Döör van den Schuur openstünn, keem se rut un güng op dat Huus to. Marlies, wat Möller sien grote Deern is, de dä dat Deert leed. Se nöhm de Goos af un an mol mit in't Huus, strokel ehr dat feine Fellerkleed un snack mit ehr.

So keem dat denn ok, dat Mareike ehr Modder een Dag vör Wiehnachen no'n Slachter güng un Bradenfleesch kööp. Wenn een Deert eerstmol een Huusdeert is . . .

De Goos leev wieder un hör to de Familie mit to. Se nömten ehr Miele. Marlies meen, se harr sik sülm so vörstellt. As dat Vörjohr keem, flöög de Goos ok mol över den Tuun un swümm in de Wedder, de dor achtern vörbi flütt. Un de Deern stünn foken un keek no dat smucke Deert un frei sik.

Een Dag reep ehr van'n Novergoorn her een an: »Paß man op, dat di de Braden nich wegswümmt!«

Een lachen Gesicht ünner pluusterige, brune Hoor keek över den Tuun. Un Marlies lach trüch: »So een as du büst, de wörr ok woll een verzauberte Fee in de Pann kriegen«.

»Ooch« keem dat van de annere Tuunsiet, »wenn dat so is, denn mutt ik mi dat Deert mol nehger bekieken.« Een Sprung, un de Jungkeerl weer över den Tuun un keem op de Noversdeern to. De langen Been steken in Jeans un dat witte Hemd spann sik üm de Schullern. De Goos steeg an Land, flöög in den Gorrn trüch un keem neeschierig op den Noverssöhn to. Se weer nu al solang in minschliche Sellschop, dat se dor een ganz Deel van Oort un Egenoort annomen harr. So keek se no den Jungkeerl hoch un snatter gegen em an.

»Un woans köönt wi ehr erlösen?«

»Dat heff ik noch nich rutkregen«, anter Marlies.

Björn – so heet de Jungkeerl van de annere Tuunsiet – müß sik woll fast vörnomen hebben, de Fee freetomoken. He befoot sik mit Miele so foken, as he ehr mit Marlies tohoop in Sicht kreeg. Noletzt over mutt he sik dor doch mit affunnen hebben, dat de Goos een Goos bleev.

De beiden jungen Lüüd worrn dat denn liekers wies, dat Miele een gode Fee weer. As een Johr vergohn weer un weller een Vörjohr keem, dor geev dat Hochtiet. Dat güng ganz un gor no den olen Snack: »Elkeen free sien Noverskind, denn weet he, wat he findt.«

As de Hochtietslüüd ut de Kark weller an Huus kemen, dor dä toeerst mol de Fotograf sien Wark. He möök sik veel Möh mit dat Opstelln, wies elkeen sien Platz un harr denn noch dütt un dat to verbetern. Noletzt over weer he tofreden un just sowied, dat he op den Utlöser drücken wull. In düssen Ogenblick keem Miele, de Göös-Fee, anlopen. Se stell sik vör dat Bruutpoor hen un keem mit op dat Hochtietsbild. De Fotograf harr dat gor nich so gau mitkriegen kunnt. Un de Brögam meen, dat weer goot so, un se hör dor doch ok würklich mit to.

Grootvadder Masai

Egens mutt dat Deduschka Masai heten, denn de
Geschicht kummt ut Rußland. De hett mi een ver-
tellt, de dor opwussen is. Deduschka Masai – De-
duschka heet soveel as Grootvadder – weer groot
un hager. Wind un Weller harrn sien Huut bruun un
hatt mookt, un dat Öller harr deepe Folen in sien
Gesicht sneden. Sien Hoor un sien Boort weern
gries. Sien Ogen sehgen ganz blau ut, wenn he buten
an't Woter stünn un an sien Boot hanteer. Dat Boot
weer ok oold, mennigeen harr dor woll nich mehr
instiegen wullt. Over Masai keem jümmer noch mit
trecht. Wenn dat Vörjohr warrt un de Snee smölt,
denn stoht in Rußland all de Wischen an de Fluß-
övern ünner Woter. Ganz gau stiggt dat Woter. Dat
kummt ut de groten Flüsse un ut all de lütten Woter-
lööp, de sik dör de Wischen slängelt. Dat Land is
groot un wied. För de Minschen un för jümehr Hüüs
is dor Platz noog, wonem dat Woter nich hen-
kummt. Un in Masai sien Heimat hett ok nüms ut
een Fluß een Kanal mookt, de sik nich mehr utbre-
den kann.

Ganz even sünd die Auen nich. Dat gifft Bülten, de
ut de Woterfloot kiekt un utseht as lütte Inseln.

Wat dat hüüt noch so is, dat weet ik nich. Domols,
as Deduschka Masai leevt hett, dor hett dat in sien
Heimat veel Hasen geven. Wenn dat Woter keem, red-
den de sik op de Bülten, seten dor dicht bi dicht un ke-

ken vull Bang in de Floot. Welk seten gor in de Telgen van de Wicheln, de ut dat Woter keken.

De Noot van de Deerten leet Masai keen Rauh. In sien Felljack, de hohge Mütz op'n Kopp – so as dat bi de russischen Buurn Mood weer – möök he sien Boot kloor. Denn roder he no de Hasenbülten. De Langohrn weern totrulich in jümehr Angst. He kunn sik gau een Hasen griepen un in sien Boot setten. De annern jumpten achterno. Masai nöhm jümmer soveel van de Deerten op, as dat Boot man jichtens dregen kunn. Denn bröch he sien Lodung an Land. Dat weer woll 'n swore Arbeid för een olen Mann, bröch em ok sülm in Gefohr. Over Deduschka geev nich no. He roder solang, bit all de Deerten an Land weern, sowied as he sehn kunn. Wenn he ankeem mit sien Hasenlodung, greep he sik weller een van de Langohrn un seet em an Land. Un weller jumpten de annern achteran. As in de Wett löpen se alltohoop över den fasten Bodden, un de ole Mann frei sik. De Freid geev em Kraft för de neegste Fohrt.

De Bussard

In den hatten Winter 1978/79 weer de Bundesstroot, de dör uns Dörp geiht, 'n poor Daag för Autos sparrt. Dat harr so dull sneet un weiht, dat de Sneerümers gegen Petrus sien Hackels nich ankomen kunnen.

Wat den enen sien Uhl is den annern sien Nachtigall. Mennigeen weer dorvan in Noot komen, un mennigeen frei sik över 'n poor free'e Daag. Dat dän ganz besünners de Schoolkinner. De harrn nu Tiet un kunnen op de Stroot mit Slitten oder Sneeschöh föhrn, oder ok mit jümehr Öllern spazeerngohn. Güng heel vergnögt to in uns Dörp. De Lüüd bemöten sik all op de Stroot. Weer jo mol ganz wat Nee's, dor so geruhig spazeern to gohn, wonem annertiets de Benzinschesen hen un wedder rosen dän. –

Wie harrn in düssen Winter een jungen Mann in'n Huus. He arbeid in Hamburg. Over dor kunn he nu ok nich henkomen, Iesenbohn föhr eerstmol nich. Udo – so heet de Jungkeerl – weer denn ok mol 'n beten mit spazeerngohn. As he weller an Huus keem, bröch he een groten, brunen Vogel mit – een Bussard. Dat Deert harr em mit sien Snovel böös in de Hannen hackt, weer ok nu noch nich ganz to Rauh komen. Sien Flünken weern nich to bruken, se weern swoor van Ies, weern tohoopfroorn. Udo harr den Vogel in'n Snee funnen un wull em nu nich den sekern Tod överloten. Over de Bussard harr sik wehrt un sien Redder Wunnen bibröcht, de achteran van uns Dok-

tor behannelt warrn müssen. Wi bröchen den Vogel
in uns groten Kellerruum. Wat keek he uns an – so
wild, so as een, de sik nich geven wull, ok nu nich. He
kreeg to freten, un wi leten em alleen.

As ik annern Morgen no em keek, em Fudder brin-
gen wull, dor seet he op de Finsterbank. Sien Flünken
weern weller free. He keek mi an. Sien Ogen weern as

Beernsteen, sien Blick – he harr mi angrepen, wenn ik op em togohn weer. Ik heff dat Stück Fleesch op 'n Bodden leggt un bün rutgohn.

Wi hebbt em annern Dag freeloten müßt. He weer jümmer weller gegen dat Finsterglas flagen. Gau funn he sien Weg in't Free'e, as em dat Finster open stünn. Nich free ween, Muurn üm sik hebben, dat weer för em woll slimmer ween as de hatte Winter.

Jo un denn – bi all sien Wildheit harr sik de Bussard doch woll markt, wonem he satt warrn kunn. Dreemol hebbt wi em noch vör uns Kellerfinster sehn, un dreemol hett he dor noch wat to freten kregen. Wat he denn woll dörkomen is? De Spoorn, de he an Udo sien Hannen hinterloten harr, de weern noch lange Tiet to sehn ween.

Wicheln

Vör Wiehnachen un vör Oostern mutt ok in de School so'n beten op dat tokomen Fest ingohn warrn.

Vör Wiehnachen – dat is kloor, dor gifft dat in elkeen Klassenruum Dannengröön un Lichten, dor warrt klütert un vertellt, Leeder un Riemels lehrt. Kott vör de Ferien föhrt de Kinner denn meist ok noch een Wiehnachsspeel op. Wenn 't op Oostern togeiht, denn is dat nich so fierlich – over ok nich so eenfach. Ferien fangt jo meisttiets al twee Weken vörher an. So 'n beten wat, wat mit Oostern to doon hett, mutt over liekers mookt warrn, tominnst bi de Schölers, de noch nich so lang in de School sünd.

Wie hebbt jümmer Twiegen in Blomenpött steckt un dor bunte Eier anbummelt oder ok Oosterhosen, de ut Poppier utsneden un bemoolt weern. Twiegen hebbt de Kinner mitbröcht, kemen jümmer noog tohoop.

Bloots een Johr hett dat nich klappt. Ik weet nich mehr, wat dor nu Regenweller oder annerswat de Schuld an harr – keeneen keem mit Twiegen för uns Oosterboom an.

Ik wull den Kroom over trechthebben un sneed twüschen twee Ünnerrichtsstünnen Twiegen van de Wicheln af, de dicht bi uns School stünnen. Koppwicheln weern dat, un de wussen – un wassen ok nu noch – an een Watergraven längs. Wi hebbt dor ok

ganz feine Oosterbüsch mit trechtkregen. De Eer hebbt wi in de Blomenpött örnlich natt mookt un fastdrückt, dat de Twiegen goot in stünnen. Dat weer kott vör de Ferien. 'n poor Daag kunnen wi uns denn to uns Oostersmuck frein.

An 'n letzten Schooldag sehg allns noch so fein ut, dat ik dat nich glieks weller wegrümen much. De Blomenpött stünnen an de Finstern un weern ok van buten to sehn. »Schöllt sik de Lüüd dor an frein, wenn se an uns School vörbigoht«, dach ik. Wie harrn Ferien. –

Over ok de feinste Ferientiet geiht mol to Enn. As ik achterno weller in uns Schoolstuuv keem un nu de Oosterbüsch afrümen wull – weer dat to glöven – dor weern de Wicheltwiegen in uns Blomenpött fastwussen. Se harrn Wuddeln kregen. An mennigeen Twieg geev dat gor nee'e gröne Blööd – lütt un blitzblank, as harr dor een an schüürt un gniedelt. Op de Oort weer mi ok glieks dat Thema för een Ünnerrichtsstünn towussen. Over toeerst müss ik mi sülm slau moken. Dat is – wat Wicheln angeiht – gor nich so eenfach. Gifft soveel Wichelorten, soveel Krüzungen twüschen de een un de annere Wicheloort – dor kannst kuum twüschendör finnen. Man, dat weer ok nich nödig. Mit sowat kunn ik mien lütte Schölers al so nich plogen. An den Graven dicht bi uns School harrn wi dat mit Bruchwicheln to doon. De weern nich van alleen wussen, de weern van Minschenhand plant. Minschenhand hett jüm ok de Gestalt geven, hett jüm to Pullwicheln mookt – oder Koppwicheln, as ok seggt warrt.

58

Wenn de Bööm so'n handbreed dick sünd, denn warrt se in een bit twee Meter Höögde afsaagt. Ut de dicken Telgens warrt Steels mookt för Eschers, Schüffeln, Förken, Hackers un Harken. Telgen, de nich so dick sünd, warrt för Bohnen oder Arfenstaken bruukt. De Rest is denn jümmer noch goot för Sprikkenholt.

De Wichelboom warrt jümmer weller afsaagt – so alle dree bit veer Johr. Wenn de Koppboom denn öller warrt, warrt de Kopp jümmer grötter. So ole Wichelbööm seht ut as Gnomen mit opstellte Hoor. Ganz besünners denn, wenn Nevel över dat Land liggt, oder ok twüschen Dag un Düster, wenn allns nich mehr so scharp to sehn is.

Ehrn Nütten hebbt ok de olen Bööm noch. De Kopp fangt in de Midd an to olmen. Dat geiht bilütten de ganze Stamm – Midd oder de ganze Siet van den Boom hendaal. Mennigmol steiht bloots noch een Viddel Boomstamm, de over liekers wiederdrifft. Mit de Johrn warrt ut den Olm so 'ne Oort Eer – Koppboom-Eer, de beste Eer för Blomenpött.

Fröher verstünnen de Jungs sik Fleiten ut Wicheltelgen to moken, un dat Holt worr för Holschen bruukt. Vandaag – so steiht in dat klooke Book, nem ik nokeken heff – mookt se ok »Kricketschläger« dorut.

Körv ut Wichelroden geev dat jo ok un gifft dat ok nu noch. Over dor köönt se de Twiegen van de »Bruchweide« nich bruken. De heet jo »Bruchweide« wiel de Telgen licht to breken sünd. To'n flechten sünd Twiegen van de »Silberweide« nödig.

Dat hebbt wi in de School allns so fein besnackt. Wenn wi nu nochmol an den Graven längsgoht, denn bekeken wi de Bööm mit ganz annere Ogen. Un wenn de an Neveldaag so'n beten spöökhaftig utsehn doot, denn weet wi doch – dat sünd gode Geister. Un se hebbt liekers jümehr egen Waßdoom.

Im Nebel

Tag ohne Ferne, Wolken fahl und schwer,
die über feuchten Wiesen hängen,
und alle Bäume stehn im Ungefähr.
Kein Atem geht – verstummte Gräser drängen
um deine Schritte, blütenlos und bleich.
Fremd ist dein Weg, und nur die Bäume bleiben
Vertraute, wie sie großen Runen gleich
einsame Schatten in den Nebel schreiben.

Kein Himmel wölbt sich über dem Geäst,
und die Gestirne bleiben fern versunken.
Kein Vogellied, das Leben spüren läßt.
Das Grau hat Laut und Licht getrunken.
Bleib deines Wegs gewiß – die Nebel fallen,
und licht wird's wieder überm Land.
Ein eignes Leben wirkt in allen –
nur was sich wandelt, hat Bestand.

Kalennersprüch

Hett mi een van uns Frünnen een lütten Kalenner schenkt. Sünd ganz spooßige Biller binnen, un denn ok de paßlichen Sprüch dorto – spooßig un eernsthaftig togliek.

»Smiet dien Hart över Knick un Rick,
un spring denn achteran!«

So heet de eerste Spruch. Un ik mutt an de Tiet dinken, in de de Lüüd in Ostdüütschland dat Hart över de Muurn smieten hebbt un achterangohn sünd, all ehr Ängsten överwunnen hebbt. Ik denk an düsse Tiet vull Dankborkeit.

Nu sünd ok wi föddert, nu mööt wie alltohoop doon wat wi köönt üm Muurn to överwinnen, de nich ut Steen un Iesendroht sünd. –

Een annern Spruch in mien Kalenner höört sik ganz vigelienisch an:

»Wokeen nich op'n Kopp fulln is,
de fallt ok jümmer weller op de Fööt.«

Dat is no mien Möög. Dat bringt de Lüüd so'n beten in Draff, un dat köönt wi bruken. Amenn will jo jedereen wiesen, dat he nich op'n Kopp fulln is. –

Mit sowat, dor hett ok de neegste Spruch mit to doon:

»Nix anners op de Welt is so gerecht utdoon as de Verstand,

jedereen is övertüügt, dat he dor noog van hett.«

61

Dorto is nix mehr to seggen – in düssen Spruch is noog Wiesheit in.

So as överall gifft dat over ok in mien Kalenner dummerhaftige Sprüch. De will ik wegloten.

Bi Braakmaand (Juni) steiht denn weller een, de nich so dummerhaftig is:

»De Schildkrööt winnt dat Rönnen,
wieldess de Hoos slöppt.«

Dat heet jo soveel as: »Een flietigen Minschen kummt ok an sien Teel – ehrder as een Fuuljack, de de beteren Gaven dorför hett.« –

Glieks achteran, bi Haumaand (Juli) – Jungedi, dor is di over een Bild! Dor steiht een Keerl mit een Gesicht as Buukwehdoon un Hagelweller op een Slaag. He süht ut, as wenn he man eenmol in't Johr lacht un denn ok noch achter de Schüün geiht.

Sien Büx hett he tweemol fastmookt – eenmol mit Drachbänner un denn noch mit'n Gördel. Blangenbi steiht schreven:

»Een Pessimist is een Mann,
de gliektietig Drachbänners un een Gördel hett,
üm sien Büx fasttohooln.«

Dorbi denk ik mi – man schood, dat sik mit sowat nich all de Pessimisten mit begnöögt! Dat weer goot för de övrige Minschheit. Eenmol weern de Pessimisten denn glieks to kennen, un jedereen kunn sik vör düsse Oort Lüüd wohrn. Un denn kann dat jo narms Schoden moken, wenn een sien Büx duppelt fasthöllt.

De Pessimisten begnöögt sik over nich mit dat unbedarfte Doon. Lang nich! De tellt luuthals allns tohoop, wat dat Leeges gifft in de Welt, wat du dat nu höörn wullt oder ok nich. Un nix is för jüm leeg noog, se mööt dor jümmer noch wat bi moken. Mook di man gor nich eerst de Möh un snack dor gegenan! Versöök nich, jüm de annere Sied van dat Leven to wiesen. Se antert di bloots mit Minnachtigkeit. Kannst liek so goot versöken, een Ossen dat Flegen bitobringen. –

Bi Saatmaand (Oktober) steiht in mien Kalenner:

»An mennigeen Dag is bloots dat Telefon goot opleggt.«

Jo, so'n Dag gifft dat woll mol. Over ik heff dat ok al beleevt, dat jüst an so'n Dag dat Telefon geiht. Un denn is dor 'n Fründ an, un de snackt mit mi un vertellt mi wat un is mi een Hölp – jüst so, as wüß he, dat ik een ungoten Dag heff. –

De schönste Spruch over, de steiht an't Enn van mien Kalenner:

*»Mit Güte kannst du een Hoor
ut den Lööv sien Boort tehn.«*

Un ik meen, wenn dor nu jüst keen Lööv in de Neeg is – denn gifft dat mit Gootheit ok noch 'n poor annere Soken to beschicken.

Im Mohland-Verlag erschienen:

Detlef Peters — Nu vertell ick . . .
D. Peters/K.H. Fink — Nu hebbt twee vertellt . . .
Peters/Fink/Greife — Nu hebbt dree vertellt . . .
Band IV — Nu hebbt veel vertellt
Karl-Hermann Fink — Dei Kieler grippt an
Elsebeth Fries — Geele Georginen
Liselotte Greife — So üm Wiehnachten rüm
Liselotte Greife — Blomen und Steen
Börries von Münchhausen — Lyrik und Prosa
Rudi Jürgensen — Die Schnittker

Plattdütsch Blaumen
Bund Niederdeutscher Autoren Mecklenburg-Vorpommern un de Uekermark

Diverse plattdeutsche Bühnenstücke und Sketche
von Detlef Peters und Liselotte Greife